L 54/1657.

UNION AGRICOLE ET COMMERCIALE.

BIOGRAPHIE
DU GÉNÉRAL LOUIS-EUGÈNE
CAVAIGNAC.

NANCY,

AU BUREAU DE L'UNION AGRICOLE ET COMMERCIALE,

RUE J.-J. ROUSSEAU, 46.

1848.

BIOGRAPHIE

DU

GÉNÉRAL CAVAIGNAC.

Cavaignac (Louis-Eugène) est né à Paris, le 15 octobre 1802. C'est le deuxième fils de Jean-Baptiste Cavaignac, membre de la Convention, membre du conseil des Cinq-Cents, préfet sous l'Empire, patriote ardent et sincère, qui, dans ses travaux législatifs et dans les missions importantes dont il fut chargé, sut toujours allier à l'énergie républicaine la modération compatible avec les temps difficiles où il vécut.

Le nom de Cavaignac, quels qu'aient été les services rendus par son père, était surtout connu par les luttes politiques auxquelles son frère aîné, Godefroy, se trouva courageusement mêlé sous la Restauration et sous le gouvernement de juillet. Les vertus, le dévouement de ce noble soldat de la démocratie avaient déjà désigné ce nom à la reconnaissance du pays et au jugement de l'histoire. Il était réservé à Eugène Cavaignac d'y ajouter le plus grand lustre par la part qu'il devait prendre aux grands événements qui, depuis huit mois, ont ébranlé le monde.

Il importe de faire connaître, non-seulement à la France, mais à l'Europe, quelle a été la vie de cet illustre citoyen, avant que la confiance de l'Assemblée nationale l'eût appelé à l'honneur de diriger notre révolution. C'est en effet en recherchant, en étudiant le passé des hommes qui jouent un rôle dans le grand drame qui se passe sous nos yeux, c'est par l'histoire de leur vie et de leurs opinions que leurs concitoyens peuvent trouver des indications sûres, des garanties certaines pour leur conduite à venir, enfin des motifs raisonnés de confiance dans leur caractère, leur intelligence, leur patriotisme.

Eugène Cavaignac reçut sous les yeux de son père une éducation solide et pleine de sentiments républicains; et lorsque celui-ci, proscrit par les Bourbons en 1815, eut terminé sa vie dans les douleurs de l'exil, cette éducation fut continuée par sa mère, femme d'un caractère antique, qui avait reçu elle-même la forte instruction, les enseignements sévères que donnent les grands événements, les grandes crises politiques.

Le 1ᵉʳ octobre 1820, il fut admis à l'école polytechnique; il en sortit, deux ans après, comme sous-lieutenant du génie, entra à l'Ecole d'application de Metz, et fut placé, en 1824, dans le 2ᵉ régiment du génie. Il y devint lieutenant en second le 1ᵉʳ octobre 1826, et lieutenant en premier le 12 janvier 1827. Arrivé dans l'armée à une époque où la liberté des opinions était loin d'être reconnue comme un droit, où elle était loin d'être respectée par le gouvernement, il sut tout d'abord prendre une position exceptionnelle et que nul n'osa inquiéter; il sut, en ne dissimulant pas ses opinions démocratiques, obtenir pour elles et pour lui-même des égards et une sorte de respect. Cette position, il la dut à sa capacité reconnue, à la sévérité de sa conduite, au sentiment profond qu'il avait de ses devoirs, à son attachement inaltérable pour la discipline. Il fut nommé capitaine le 1ᵉʳ octobre 1827, et demanda alors à faire partie de l'expédition de Grèce. La première affaire de guerre dans laquelle il figura fut la prise du château de Morée. Il s'y fit remarquer par ce courage calme et froid qui n'appartient qu'aux hommes supérieurs et dont il devait plus tard donner tant de preuves.

Revenu en France au commencement de 1830, il se trouvait avec son régiment en garnison à Arras, à l'époque de la Révolution de juillet. L'influence qu'il avait acquise sur ses camarades, autant par la supériorité de son intelligence que par son attitude à la fois résolue et réservée, était si grande, que la plupart des officiers et des soldats, ayant décidé de marcher sur Paris pour prendre part à la lutte que soutenait le parti national, vinrent lui offrir le commandement du régiment.

Il fut l'un des premiers à s'affliger de la déplorable issue qu'avait eue la Révolution de juillet : aussi lorsque, en 1831, parut le projet d'association nationale, il s'empressa d'y adhérer. Le gouvernement le punit de cette manifestation d'opposition en le mettant en non-activité pendant quelques mois.

Rappelé au service, il se trouvait en garnison à Metz, lorsque, peu de jours avant les événements de juin 1832, une émeute très-grave éclata dans cette ville contre des négociants accusés faussement d'avoir accaparé des grains. La maison d'un de ces honorables citoyens fut dévastée. Les autorités civiles et militaires, la garde nationale, les troupes s'empressèrent d'arrêter le désordre et de saisir les coupables. Un seul officier de la garnison avec la compagnie qu'il commandait ne put concourir au rétablissement de l'ordre : il fut consigné à la caserne avec ses soldats comme étant en état de suspicion légitime. Cet officier était Cavaignac. Justement lésé dans son honneur par cette incroyable mesure, il en demanda l'explication à son colonel, et à cette occasion, le jeune capitaine, avec autant d'énergie que de réserve, de modération que de dignité, fit nettement sa profession de foi : « Il n'avait jamais confondu, il ne confondrait jamais les actes coupables devant les lois de tous les pays avec des manifestations politiques ; il ne pactiserait jamais avec les attaques, non contre un gouvernement, mais contre la société. » Le colonel feignit de ne pas comprendre les déclarations très-nettes et très-positives de son subordonné ; alors celui-ci lui dit : « Posez-moi des questions par écrit, et j'y répondrai par écrit, car je veux qu'il ne reste aucun doute ni dans votre esprit ni dans l'esprit de personne sur la ligne politique que je veux suivre comme militaire et comme citoyen. » Le colonel posa ces deux questions : « Si le régiment avait à se battre contre les carlistes, vous battriez-vous ? — S'il avait à se battre contre les républicains, vous battriez-vous ? » Cavaignac, sans hésiter, écrivit au-dessous de la première question : « *Oui.* » Au-dessous de la seconde : « *Non.* »

Nous devons dire que le gouvernement traita cette franchise avec les égards qu'elle méritait : ce gouvernement, d'ailleurs, issu d'une surprise et appuyé sur le privilége, ne se sentait peut-être pas alors assez de force pour briser l'existence militaire d'un homme de cette valeur. Mais Cavaignac fut désigné pour faire partie de l'armée d'Afrique.

Cette mesure, aux yeux de ses inférieurs, aux yeux de ses camarades, non-seulement dans son régiment, mais encore dans la garnison de Metz, sur laquelle il exerçait un grand ascendant, passa pour un acte de persécution. Cavaignac ne la regarda que comme une occasion de rendre à son pays des services qu'il pouvait payer de sa vie.

Alors commença pour lui cette existence de fatigues, de dangers, de privations qu'il devait mener pendant seize ans. Dès les premiers moments, il se montra à la hauteur des circonstances les plus périlleuses et des plus rudes épreuves.

Le 4 juin 1833, le général Desmichel, qui commandait la division d'Oran, voulut établir aux abords de cette place une redoute pour appuyer sa ligne de défense. Le père d'Abd-el-Kader et Abd-el-Kader lui-même, qui étaient campés à une lieue de la ville avec de nombreux contingents de cavaliers et de fantassins arabes, résolurent de s'y opposer. Un combat très-vif s'engagea dès le matin et dura toute la journée. Le capitaine Cavaignac, qui dirigeait la construction d'un blockhaus et de la redoute, se distingua, dans le combat, par tant de sang-froid et d'intelligence que sa conduite fut mise à l'ordre de l'armée, et qu'un mois après il fut nommé chevalier de la Légion-d'Honneur.

Après avoir contribué aux travaux de défense d'Oran et à l'établissement de la belle route de Mers-el-Kebir, il prit part à l'expédition de Mascara sous les ordres du maréchal Clausel, et s'y fit encore remarquer. L'année suivante il était dans les rangs du corps d'armée qui, sous la conduite du même maréchal, alla s'emparer de Tlemcen (15 janvier 1836). Lorsque celui-ci se disposa à revenir à Oran, il voulut laisser, comme témoignage de l'engagement que la France prenait envers Moustapha-ben-Ismaël, les Douairs et les braves Kolouglis de Tlemcen, le drapeau français arboré sur les murs de cette ville. Ce drapeau, il fallait en confier la défense à des mains sûres et vaillantes; car la garnison de Tlemcen devait se trouver dans une position très-périlleuse : perdue pour ainsi dire dans les terres, à l'extrémité occidentale de l'Algérie, près de la frontière du Maroc, à une distance considérable de tout secours, entourée d'ennemis belliqueux et acharnés, elle devait se suffire à elle-même et ne compter que sur ses propres ressources. En effet, la chance des ravitaillements était fort incertaine : pour aller, à cette époque, d'Oran à Tlemcen, il ne fallait pas moins qu'une colonne de 3 à 4,000 hommes, traînant avec elle ses vivres et tout un matériel d'artillerie et de génie; il fallait que cette colonne combattît dès qu'elle avait perdu de vue les remparts d'Oran et jusqu'au pied des murs de Tlemcen, qu'elle combattît en allant, qu'elle combattît en revenant; et l'armée d'Afrique n'avait pas encore cette habitude des combats contre les Arabes, cette solidité, cette confiance en elle-même, qui sont un garant assuré du succès.

De plus, la garnison de Tlemcen ne pouvait être composée que d'un petit nombre d'hommes, le maréchal Clausel n'ayant à sa disposition que des forces peu considérables. Enfin on ne pouvait lui laisser que pour deux ou trois mois de vivres et quelques centaines de milliers de cartouches.

Il fallait donc, pour former la garnison du Méchouar ainsi appelle-t-on la citadelle de Tlemcen), des hommes éprouvés qui suppléassent au nombre par la vigueur et l'intelligence; il fallait pour les commander un officier d'élite, à main nerveuse et prompt, à tête solide et féconde en ressources, un de ces hommes qui aiment à se préparer à de hautes destinées par un rude apprentissage et par un laborieux essai de leurs facultés.

Clausel n'hésita point dans son choix : il offrit ce commandement spécial, cette mission de confiance à un simple capitaine, à Cavaignac, qui s'empressa de l'accepter; et aussitôt 500 volontaires, sortis de tous les corps de l'armée, briguèrent l'honneur de servir sous ses ordres dans ce poste d'aventures, de gloire et de dangers.

Au dire d'un témoin oculaire, ce fut un spectacle plein d'émotion et de grandeur que celui du départ de l'armée expéditionnaire, se séparant de la garnison laissée dans l'antique capitale des Beni-Zian et de Barberousse. Du haut de ces murailles qui jusque-là n'avaient jamais supporté la présence d'un chrétien, les défenseurs du Méchouar regardaient, les larmes aux yeux, le cœur serré, la patrie qui semblait s'éloigner d'eux avec la colonne française, pendant que leurs camarades se retournaient pour jeter un dernier adieu à ces enfants perdus de la civilisation française aventurés au milieu de la barbarie musulmane.

Cavaignac, abandonné à lui-même, s'occupa sans relâche des moyens de faire une résistance, pour ainsi dire indéfinie, sans compter sur les ravitaillements. Avec des ressources presque nulles, il établit des casernes, des ateliers, un hôpital, et perfectionna les moyens de défense du Méchouar. Il s'attira l'affection des Kolouglis, chez lesquels son nom est encore aujourd'hui si populaire; il leur distribua des armes et obtint d'eux en toute circonstance le concours le plus loyal et le plus dévoué. Par une série de petits coups de main rapidement et surtout habilement exécutés, par des relations nouées secrètement avec des indigènes des tribus environnantes, il sut augmenter ses approvisionnements et se procurer une sorte d'abondance.

Cependant les Arabes vinrent à plusieurs reprises attaquer la ville; mais, constamment repoussés, ils ne tardèrent pas à voir nos troupes faire des incursions sur leur territoire et éprouvèrent même de si grandes pertes qu'ils furent forcés enfin de s'éloigner. Ces expéditions, ces combats répétés, habituaient les soldats du Méchouar aux plus rudes fatigues, aux plus rudes privations. En même temps, par ses ordres du jour, conçus en ces termes nobles, grandioses qui viennent naturellement aux gens de cœur; Cavaignac excitait leur moral et leur rappelait l'étendue de leurs devoirs, la grandeur de leur mission. On ne saurait énumérer toutes les ressources qu'il sut trouver, tous les moyens ingénieux qu'il imagina pour encourager, occuper, distraire ses hommes dans cette espèce d'oasis de la civilisation où ils semblaient oubliés et délaissés.

L'occupation de Tlemcen par la petite troupe du capitaine Cavaignac est un des épisodes les plus curieux de notre guerre d'Afrique. C'est un de ces beaux faits d'armes comme on en voit dans l'histoire du temps des croisades; et quand on en lit les détails, l'imagination se reporte naturellement à cette époque merveilleuse où nos pères cherchaient aussi, à force de prouesses, à conquérir sur la barbarie musulmane des colonies françaises.

Cependant la paix de la Tafna, cette triste conclusion d'une expédition vigoureusement conduite et terminée par la victoire de la Sickak, vint apporter un terme aux souffrances de la garnison de Tlemcen.

En récompense de ses nouveaux services, Cavaignac fut nommé chef de bataillon au régiment de Zouaves. Mais, en le récompensant, on avait oublié les hommes qui avaient partagé avec lui, pendant près d'une année, la dure existence du Méchouar. Il déclara qu'il n'accepterait le grade qui lui était conféré qu'autant que les plus méritants parmi ses compagnons recevraient aussi des témoignages de la gratitude du gouvernement.

Ce fut en cette occasion que le général Bugeaud, répétant en quelque sorte ce que le maréchal Clausel avait dit un an auparavant, écrivit cette note qui appartient désormais à l'histoire :

« Cavaignac est un officier instruit, ardent, zélé, susceptible d'un grand dévouement qui, joint à sa *haute capacité*, le rend propre aux *grandes choses*, et lui assure de l'avenir, si sa santé n'y met obstacle. »

Sa santé, en effet, avait été gravement altérée par les fatigues et les privations; et il se trouva forcé de quitter momentanément le service actif et de rentrer en France. Ce temps de repos ne fut pas perdu pour lui. Pendant son séjour en Afrique, il avait, autant que le permettaient nos relations, si rares alors avec les tribus arabes, étudié cette contrée, pour laquelle de si grandes destinées commencent, et le peuple qui depuis 1200 ans en a chassé la civilisation. Il avait compris qu'il y avait à la fois dans la question africaine et une existence nouvelle pour cette partie de la population française qui étouffe dans les liens du paupérisme et une transformation pour les enfants fanatisés du prophète. Il écrivit sur l'Afrique un livre qui fit alors grande sensation et qui a pour titre : *De la Régence d'Alger* (1).

Tantôt, s'élevant aux plus hautes considérations religieuses, philosophiques et historiques, il se demandait si ces Arabes, qui avaient élevé si haut la gloire de leur nom, qui avaient brillé d'un si vif éclat dans la guerre, dans les lettres, dans les sciences, dans le commerce, étaient ensevelis à jamais dans l'immobile religion de Mahomet, s'il ne fallait pas espérer que, sous l'impulsion de notre génie civilisateur, ils finiraient par se fondre dans l'unité française. Tantôt, abordant les principes de l'art militaire, il indiquait les modifications qu'il fallait apporter à l'organisation, à la tactique de nos armées, d'après le genre de guerre tout spécial que nous avions à faire en Afrique.

Pour ceux qui connaissaient à peine de nom le jeune officier qui agitait ces hautes questions, ce livre fut une révélation de la portée élevée de son esprit à la fois critique et positif, pratique et investigateur.

Cependant Cavaignac paraissait décidé à renoncer à la carrière militaire, lorsque Abd-el-Kader, violant le traité de la Tafna, nous déclara la guerre. Au premier bruit de nos désastres, il demanda à aller servir de nouveau en Afrique.

Le ministre de la guerre le désigna pour commander le 2ᵉ bataillon d'infanterie légère d'Afrique. On sait quelle est la composition des bataillons d'Afrique. Le commandement en est difficile : recrutés dans la population de nos prisons militaires, on y trouve en foule des existences déclassées, des têtes ardentes et impatientes de tout frein, des caractères rebelles à la discipline, rebelles même trop souvent aux lois les plus respectées de la société. Néanmoins, dans la main d'un chef qui sait s'en servir, tout cela forme un instrument dont on peut tirer le meilleur parti à la guerre, et surtout à la guerre contre les Arabes, où la valeur individuelle pèse plus qu'ailleurs dans la balance des combats.

Les soldats du 2ᵉ bataillon d'infanterie légère d'Afrique accueillirent avec enthousiasme le défenseur du Méchouar. Ils savaient qu'une main vigoureuse et ferme allait peser sur eux, qu'il faudrait fléchir; mais ils savaient aussi que leur nouveau chef leur donnerait une large part dans les travaux et dans la gloire de l'armée; ils étaient sûrs que leur existence serait entourée de toute la sollicitude que la France demande pour ses soldats.

Peu de jours après qu'il eut pris le commandement

(1) Victor Magin, Paris, 1839.

du corps qui lui était confié, Cavaignac fut laissé avec lui à la garde de Cherchell, dont le général Vallée venait de s'emparer.

Enceinte d'un mauvais mur de quelques pieds de hauteur, ouvert de plusieurs brèches, cette ville avait à ses portes des tribus de Kabiles populeuses, guerrières, hostiles, de tout temps insoumises aux Turcs. Fières du nombre de leurs combattants, de leur bravoure, ces tribus ne tardèrent pas à assaillir dans Cherchell la faible garnison qui la défendait. Pendant douze jours elles tentèrent des attaques furieuses, et parvinrent même jusqu'à une des portes de la ville. Cavaignac était là : il les reçut l'épée à la main, les culbuta, les mit en déroute ; et, dès ce moment, Cherchell n'eut plus à repousser aucune agression sérieuse.

Cavaignac rendit compte de ces combats multipliés dans une lettre qui fit contraste, par sa concision et sa modestie, avec l'emphase de certains bulletins. Il oublia même de dire qu'il avait été blessé d'une balle à la cuisse.

Le 21 juin 1840, Cavaignac fut nommé lieutenant-colonel du régiment de Zouaves : il succédait, dans le commandement de ce corps, à Lamoricière, qui venait d'être nommé général. Trois ans auparavant, il y était entré comme chef de bataillon. Par un rapprochement digne de remarque, celui qui devait être ministre de la guerre du président de la République, avait dans une note nette et concise, prédit l'avenir militaire qui attendait son lieutenant.

Les Zouaves, c'était alors un singulier mélange de Français, de Maures, d'Arabes, de Turcs, d'étrangers de toutes les origines : c'était un corps où semblaient s'être donné rendez-vous les hommes de toute langue, les esprits aventureux, les enfants perdus de toutes les nations. Ils étaient devenus, dans la main de Lamoricière, et ils restèrent, dans celle de Cavaignac, un corps d'élite. Le Zouave, c'était par excellence le soldat d'Afrique, l'homme des coups de main difficiles, le fantassin des longues marches, des nuits sans sommeil et des journées sans eau ; c'était, pour nous servir d'une expression arabe, le combattant qui mâchait de la poudre depuis l'aube du jour jusqu'au coucher du soleil. Aussi était-il constamment employé dans toutes les expéditions où l'on prévoyait de grandes fatigues et de rudes combats.

Avec Cavaignac, ils continuèrent cette vie incessamment active qu'ils avaient menée si longtemps avec Lamoricière.

Le 3 mai 1841, dans ce ravitaillement audacieux que

Changarnier alla faire à Milianah avec une poignée d'hommes, à travers des populations belliqueuses, un pays affreux, pays de forêts, de montagnes et de ravins, Cavaignac, chargé comme de coutume, de faire l'arrière-garde avec ses Zouaves, montra, dans un moment difficile et critique, ce que valent l'habileté et la décision d'un chef qui commande à une troupe de vieux soldats déterminés. Blessé d'une balle, à pied, lorsque son cheval venait d'être tué, il soutint la retraite avec un calme, une habileté qu'auraient admirés nos bandes impériales.

Le gouvernement avait compris, comme tous les généraux qui avaient été appelés à le juger, qu'il y avait, dans ce jeune officier, toutes les qualités qui font l'homme de guerre, l'homme de grand avenir. Au mois d'août 1841, il fut nommé colonel et maintenu à la tête du régiment de Zouaves.

Il nous serait impossible de suivre les Zouaves dans cette multitude d'engagements, de combats presque journaliers auxquels ils prirent part dans ces longues années de 1841 et 1842, où Abd-el-Kader, remuant incessamment par ses missives, par ses envoyés, par sa présence, les tribus de la vallée du Chélif et des montagnes de Milianah et de l'Ouarsenis, transformait en ennemis nos amis de la veille et poussait au combat les indécis, les timides et les fanatiques dont le fanatisme n'égalait pas le sien. Entre toutes ces chaudes journées, nous ne citerons que celles, des 19 et 20 septembre 1842 où Cavaignac ajouta encore à sa réputation par le talent et l'énergie dont il fit preuve en luttant contre les masses kabyles qui avaient assailli, dans les défilés de l'Oued-Fodda, la petite colonne de l'intrépide Changarnier.

Cependant on avait reconnu que le système de guerre qu'il fallait employer contre les Arabes réclamait un certain nombre de points d'appui pour servir de bases d'opérations aux colonnes qui devaient sillonner le pays africain.

Le gouvernement, bien conseillé en cela par le maréchal Bugeaud et par le général Lamoricière, à qui il faut en reporter l'idée première, résolut de construire, au printemps de l'année 1843, des postes destinés à devenir avec le temps des villes populeuses, à Ténès, à Es-Snam, Temit-el-Had et Tiaret.

Cavaignac fut chargé de l'établissement d'Es-Snam.

Il se porta là avec 2,500 hommes à peine, et un an après, au milieu d'une plaine où l'on ne voyait d'abord que quelques lambeaux de terres cultivées, des lotus et des vestiges informes de constructions romaines, s'étaient élevés des établissements militaires de tous genres, des maisons de colons, un aqueduc, une église, rudiments avancés de la civilisation chrétienne. Pendant que d'une main il bâtissait cette ville qui devait prendre le nom d'un prince de la dynastie régnante, de l'autre il combattait et amenait à soumission les tribus qui l'environnaient. A la fin de 1844, la paix était complète dans la nouvelle subdivision dont Orléansville était devenu le chef-lieu.

Ce fut alors qu'un nouveau grade fut donné à Cavaignac et qu'il reçut le commandement de la subdivision de Tlemcen.

Le pays de Tlemcen était alors, a été depuis et sera longtemps encore le plus difficile de l'Algérie, tant sous le rapport militaire qu'au point de vue politique et administratif. A cette époque, la Smala d'Abd-el-Kader, encore si nombreuse, si dangereuse par les relations qu'entretenaient en Algérie les familles puissantes qui s'y étaient réfugiées, était un embarras incessant, un foyer permanent d'intrigues et de séditions qu'il fallait surveiller ; et malgré la bataille d'Isly, cette sanglante leçon donnée à d'orgueilleux voisins, les dispositions du Maroc étaient encore assez douteuses pour qu'il fût nécessaire de faire bonne garde sur notre frontière occidentale.

Cavaignac succédait, dans le commandement de Tlemcen, à Bedeau, qui s'y était fait un renom mérité ; il sut y ajouter le sien.

Le jour où Cavaignac arriva à Tlemcen fut un jour de fête et d'enthousiasme populaire. Ces Maures, ces Kolouglis, ces juifs avaient gardé la mémoire de celui qui, quelques années auparavant, avait, pendant neuf mois, avec une poignée de braves, défendu leur ville contre les entreprises d'ennemis implacables. Que de fois ils avaient dit lorsque qu'Abd-el-Kader se ruait sur eux avec ses réguliers et ses milices avides : Si Cavaignac et ses *Méchouariens* étaient là, ils sauveraient et nos biens et la vie de nos enfants.

Cette population se porta toute entière à la rencontre de son ancien défenseur, et le salua de ses cris, comme elle saluait naguère les sultans qui avaient fait de Tlemcen la capitale d'une monarchie puissante.

Grâce à la présence de forces considérables, qui campaient dans le pays de Tlemcen, une espèce de paix y régnait. Mais cet état de demi-soumission ne pouvait convenir à notre domination ; Cavaignac le comprit, et il s'attacha à compléter la conquête et la pacification des tribus qui relevaient de son commandement. Il commença la guerre persévérante et habile qu'il avait faite à Orléansville. Il avait sous la main des troupes aguerries, habituées au succès par Bedeau et Lamoricière ; il ne craignit pas de leur imposer de nouvelles fatigues et de nouvelles privations. Constamment à cheval, et toujours le premier, là même où il n'aurait pas dû donner l'exemple, il parcourut sans relâche les contrées montagneuses et les immenses plaines habitées par les peuplades les plus guerrières. Mais les travaux de la guerre ne détournaient pas son attention des soins que réclamait l'administration du pays vaincu et de la colonie européenne qui venait bâtir la modeste demeure du marchand et du cultivateur sur les débris des monuments romains et des palais berbères.

Les impôts, perçus jusque-là avec une irrégularité inévitable, furent bientôt soumis à des règles sévères, mais justes, qui rendirent léger aux Arabes un fardeau si longtemps insupportable. Les routes, infestées par le brigandage, devinrent sûres ; l'Arabe, le juif, le chrétien y circulèrent comme on circule sur nos routes de France. La tranquillité fut telle que, suivant une expression familière aux Arabes en pareille circonstance, *une femme pouvait voyager seule*, dans la subdivision de Tlemcen, comme dans le reste de la subdivision d'Oran, *avec une couronne d'or sur la tête*. En même temps, des rues se perçaient dans la vieille Tlemcen ; des hôpitaux, des casernes, des magasins militaires se construisaient ; les vastes et magnifiques jardins qui entourent la ville se cultivaient ; des routes carrossables s'ouvraient dans toutes les directions ; des ponts étaient jetés sur les rivières ; d'immenses réservoirs d'eau, gigantesques travaux du peuple-roi, étaient restaurés par nos soldats et assuraient à Tlemcen la fertilité et l'abondance.

Le pays, chaque jour, changeait de face. Ce n'était pas le compte de notre ennemi. A nos progrès civilisateurs il vint opposer encore le fanatisme brutal du peuple arabe.

A la fin de l'année 1845, Abd-el-Kader, franchissant la frontière du Maroc à la tête de ses troupes régulières, se jeta sur la subdivision de Tlemcen. A la nouvelle de son arrivée, une insurrection, préparée de longue main, éclata dans les montagnes du littoral. Cavaignac y fit face avec une vigueur peu commune ; mais, pendant qu'il lui portait le premier coup, Montagnac, égaré par de perfides conseils, et trop confiant dans sa valeur, succombait avec l'immortel bataillon de Sidi-Brahim. Au bruit de ce désastre, toute la province d'Oran courut aux armes et tenta un suprême effort contre la domination du chrétien.

En un instant, toute la populstion virile fut sur pied ; les tribus, pliant leurs tentes, s'acheminèrent en longues colonnes vers les lieux de refuge, forteresses naturelles où, tant de fois déjà, nous leur avions donné l'assaut. Abd-el-Kader d'un côté, Bou-Maza de l'autre, et, à leur suite, vingt ambitieux fanatiques vinrent insulter et nos colonnes, et nos camps, et nos postes.

La position de Cavaignac était critique, mais elle n'était pas au-dessus de ses forces, au-dessus de la valeur de ses troupes : il fit tête à l'orage et attendit, sans se laisser entamer, l'arrivée de Lamoricière, qui volait à son secours avec cette activité devenue proverbiale chez les Arabes. On se rappelle avec quelle rapidité Lamoricière, qui retrouvait ainsi sous ses ordres immédiats son ancien chef de bataillon, vint à bout des efforts désespérés de l'émir et des tribus qu'il avait soulevées. Quatre mois après la catastrophe de Sidi-Brahim, les Arabes de la province d'Oran avaient fait acte de soumission et rendaient grâces au vainqueur de la générosité dont il avait usé à leur égard.

Cependant l'exemple d'Abd-el-Kader continuait à trouver des imitateurs ; de vieux Thaleb, plongés dans la rêverie et dans l'étude des livres saints, se persuadaient qu'eux aussi étaient marqués du doigt de Dieu et destinés à chasser l'infidèle de la terre d'Islam. Un de ces fanatiques surgit tout à coup dans les solitudes du désert d'Angad. Le Coran dans une main, le chapelet dans l'autre, il avait parcouru la tente de l'Arabe et le gourbi du Kabyle. Il y avait soulevé encore la haine des chrétiens ; il y avait prêché la guerre sainte dans ces immenses clubs en plein air où il est si facile à l'homme doué de quelque éloquence de frapper, d'enthousiasmer l'ardente imagination d'un peuple brûlé par le soleil.

Proclamé sultan par les Angades du Maroc et de l'Algérie, comme Abd-el-Kader l'avait été naguère par les Hachem sous les murs de Mascara, il se prit à en rêver la fortune, et il voulut commencer son règne par un coup de main audacieux. Il réunit les contingents armés de plusieurs tribus et en forma une colonne à la tête de laquelle il se dirigea sur Tlemcen. Cette nouvelle levée de boucliers, préparée avec habileté, jeta encore l'agitation dans le pays ; il fallait en avoir raison sans délai. Cavaignac allait marcher au sultan, quand il apprit que le sultan marchait à lui. Pour se faire une idée exacte de la folle confiance qu'un homme peut puiser dans le mysticisme et l'extase, il faut lire la lettre que le sultan improvisé écrivait à Cavaignac :

« Sors, lui disait-il, sors au plus tôt de Tlemcen ; le

» jour est arrivé où l'étendard vert du Prophète doit
» chasser la croix de Jésus; ne t'obstine point dans une
» folle défense ; tu y périrais, toi et les tiens, car c'est
» écrit. » Et, en terminant, il prévenait son adversaire
qu'il serait à jour et à heure fixes dans un lieu qu'il indiquait, à trois lieues de Tlemcen. Les Français ne pouvaient pas croire à cette audace, qui fait contraste avec le caractère habituellement si rusé de l'Arabe. Tous pensaient que ce défi, qui semblait emprunté à l'épopée du Tasse, n'avait d'autre but que de forcer Cavaignac à se porter dans une direction donnée, afin de faciliter quelque diversion sur un autre point. Mais celui-ci savait, par les nombreux émissaires qu'il avait l'habitude d'envoyer constamment dans les tribus, que le projet de son ennemi était bien réel, et que cette confiance qu'il affichait n'était pas dissimulée.

La rencontre eut lieu le 30 mars 1846; Kabyles et Arabes, fantassins et cavaliers attendaient de pied ferme et en bon ordre le chrétien à qui ils avaient donné rendez-vous. Leurs forces étaient bien plus considérables que les nôtres. Il n'y eut qu'un choc, mais il fut décisif. Nos hussards, nos spahis, enlevés par Cavaignac, qui guidait la charge l'épée à la main, se précipitèrent sur cette multitude ; en un instant elle fut sabrée et dispersée. Les drapeaux du sultan, les armes, les chevaux, une partie de sa petite armée tombèrent au pouvoir de nos soldats.

Cet échec sanglant éprouvé par nos ennemis fut la fin des tentatives de sédition dans la subdivision de Tlemcen. A dater de ce moment, ces contrées si rudement éprouvées par la guerre retrouvèrent la paix et la tranquillité dont elles avaient joui en d'autres temps.

Cavaignac put enfin reprendre la suite des créations, des améliorations dont il voulait doter le pays. Il s'y livra de nouveau avec cette activité et cette persévérance qui forme le fond de son caractère.

Sa sollicitude pour le soldat et pour la colonie put alors se développer. Par ses soins, des soldats, des sous-officiers choisis au nombre des plus méritants, parmi ceux que la libération renvoie chaque année dans leurs foyers, purent devenir propriétaires de maisons, de jardins, de terres à Tlemcen.

Ces vétérans, entrés ainsi dans les rangs de la colonie civile, devaient en être les plus laborieux ouvriers et les plus fermes défenseurs; Cavaignac les entoura de tous les soins que lui commandaient et son amour profond pour le soldat, et l'intérêt de la patrie. La réussite de cet essai a été complète là comme à Mascara, comme dans tous les endroits où l'on a compris que le soldat ne pouvait devenir un véritable colon qu'autant qu'il se trouvait mêlé, confondu avec une population civile.

A Tlemcen, une sage administration évita de tomber dans ce désordre qui a fait tant de scandale et retardé l'essor de la colonisation dans la plaine de la Mitidja. Avant d'établir des Européens, on avait fait le recensement des maisons et des terres qui étaient la propriété de l'Etat, soit en vertu d'acquisitions opérées par le gouvernement du pays dans les temps antérieurs, soit en vertu de déshérences produites par l'exil volontaire d'une partie des habitants ou par des extinctions de famille, soit en vertu d'achats qui se faisaient journellement au compte de l'Etat. Tous ces biens avaient été cadastrés, évalués, et on ne leur donna de nouveaux propriétaires qu'après avoir parfaitement constaté la validité des titres qui les rendaient disponibles dans les mains de l'Etat.

Jusqu'à cette époque, la domination française n'avait pas été reconnue par les populations nomades errantes dans la vaste étendue de pays comprise entre les Schott ou lacs salés au sud de Tlemcen et de Mascara, et la dernière chaîne de montagnes, dans laquelle s'ouvrent, çà et là, ces déchirures abruptes que les indigènes appellent les portes du grand désert. Les régions du Tell et des hauts plateaux avaient été réduites par les armes; le gouvernement voulut réduire aussi ces contrées lointaines. Deux colonnes expéditionnaires durent partir, l'une de Tlemcen, l'autre de Mascara, et manœuvrer de concert pour en opérer la soumission. La base d'opérations de Cavaignac était à Tlemcen, le terme de sa course était à quatre-vingt-dix lieues de là.

Pour qui n'a pas parcouru ces immenses solitudes où l'homme n'aperçoit au loin, aussi loin que sa vue peut s'étendre, ni arbres, ni maisons, ni tentes, ni vestiges de l'existence de la race humaine; pour qui n'a pas marché de longues journées dans ces steppes désolées qui semblent être une barrière posée par la nature à la civilisation, il est difficile de comprendre et les fatigues et les privations qui y attendent des troupes européennes. Les Romains en firent plus d'une fois la triste expérience. Aux ordres de chefs aventureux ou incapables, plus d'une fois leurs colonnes expéditionnaires trouvèrent là des défaites qu'achevaient ces barbares dont les noms marquent à peine dans l'histoire, et qu'avaient commencées ou la faim, ou la soif, ou la neige, ou le vent du désert.

Aussi la conduite d'une opération du genre de celle qu'entreprenait Cavaignac exige-t-elle une prudence consommée, une prévoyance minutieuse de tous les besoins du soldat, une étude approfondie des lieux et des hommes. Il sut réunir toutes ces conditions d'un commandement habile, et ceux qui ont fait partie de cette expédition lointaine ne peuvent assez dire jusqu'à quel point il mérita la reconnaissance et l'estime de ses troupes. Assailli par les neiges après avoir subi des journées d'une chaleur étouffante, il lutta contre la nature comme il luttait contre les hommes.

Ou nous nous trompons fort, ou le récit de cette pointe hardie, faite si avant dans l'intérieur d'un pays jusque-là inconnu, ne serait pas déplacé à côté d'une page déchirée dans l'histoire des expéditions de Desaix dans la Haute-Egypte.

Deux mois après sa sortie de Tlemcen, Cavaignac rentra dans cette ville, et il eut bientôt la satisfaction de voir les chefs de ces tribus qu'il était allé chercher au fond du désert, arriver, suppliants, près de lui, et se reconnaître sujets de la France.

Au mois de décembre 1847, l'armée française vit enfin sa noble persévérance payée par le seul résultat qui eût manqué jusque-là à ses efforts : Abd-el-Kader, vaincu, poursuivi par les Marocains, laissa enfin tomber à nos pieds le sceptre éphémère que notre imprudence, son audace et son habileté avaient mis dans ses mains.

Cavaignac eut une bonne part à revendiquer dans ce succès décisif, si souvent espéré et regardé enfin comme impossible.

Quelques jours plus tard, il succédait au général Lamoricière, qui abandonnait momentanément le commandement de la province d'Oran. Huit ans auparavant, Lamoricière avait trouvé cette province réduite à l'enceinte d'Oran et de Mostaganem, et, au moment où il s'en éloignait, l'autorité de la France y était reconnue, respectée, depuis les bords de la mer jusqu'aux confins du désert. Son nom, celui de Bedeau, celui de Cavaignac et de tant d'autres, qui ont brillé dans les rangs inférieurs, étaient craints et vénérés jusque dans les oasis reculées, dernières limites au sud de l'empire religieux de Mahomet.

La guerre était finie ; la grande affaire alors, c'était la colonisation. Cavaignac y avait travaillé déjà, comme nous l'avons dit, mais dans des limites assez restreintes, à Tlemcen. A Oran, il porta sur ce point capital toute cette puissance de travail, cette activité de corps et d'esprit qui le distinguent à un si haut degré.

Modeste comme les hommes supérieurs, respectueux envers le commandement comme les soldats éprouvés, il se chargea avec empressement de mettre à exécution les plans, de continuer les travaux de son illustre prédécesseur. Avec lui, rien ne périclita, et la colonie continua à vivre de cette vie, nous dirions presque de cette fièvre de croissance que lui avaient communiquée une volonté juste, forte, un esprit initiateur au suprême degré.

Cavaignac avait déjà fourni la mesure de ce qu'on pouvait attendre de lui dans la haute position où il venait d'être placé. Mais la fortune lui réservait de plus grandes destinées. Le 2 mars, un navire étranger, abordant à Oran, jeta sur le rivage la première nouvelle de la proclamation de la République à Paris. Cavaignac n'hésita pas un instant : il fit connaître à l'armée et à la population que la France venait de changer la forme de son gouvernement; et que c'était au pouvoir nouveau que tous devaient désormais obéissance. Ses plus chères espérances, le rêve de toute sa vie, venaient de se réaliser.

La cause pour laquelle avaient lutté, avaient tant souffert et son père et son frère, était enfin triomphante.

Avec la nouvelle de la révolution, il apprit qu'il était nommé général de division et gouverneur de l'Algérie.

Dès le premier moment, on avait pensé à lui confier le portefeuille de la guerre ; et c'est un fait qui ne doit pas rester oublié, que Lamoricière, appelé à l'Hôtel-de-Ville le 24 février au soir, désigna au gouvernement provisoire son ancien lieutenant comme le plus capable de remplir ces fonctions, toujours si difficiles au moment des grandes révolutions. Mais le gouvernement provisoire pensa qu'il était indispensable que Cavaignac, qui donnait toute garantie, restât quelque temps au moins au poste que venait de quitter le duc d'Aumale.

Plus tard, quand on sut avec quel enthousiasme avait été accueilli l'avènement de la République dans la population coloniale et dans l'armée, le ministère de la guerre fut offert encore à Cavaignac; il le refusa.

Cependant, nommé représentant du peuple par le département de la Seine et par le département du Lot, il voulut venir remplir son mandat à l'Assemblée nationale. Il demanda donc et obtint d'abandonner le poste éminent qui lui avait été confié.

Arrivé à Paris le 17 mai, il comprit que le ministère de la guerre était une de ces positions difficiles et périlleuses qu'aucun citoyen ne pouvait refuser, quand il avait la conscience de pouvoir les occuper pour le bien de son pays ; cédant à de nouvelles instances, il se résigna donc et commença cette carrière politique où l'attendaient et la gloire et la reconnaissance de la France, et les calomnies et la haine des factions qu'il devait écraser.

Aux yeux des moins clairvoyants, il était évident alors qu'une lutte à main armée ne tarderait pas à avoir lieu dans les rues de Paris entre le parti qui voulait maintenir la République sur la base du suffrage universel et une minorité turbulente, agitée par la prédication de folles et coupables doctrines, et, il faut bien le dire aussi, profondément remuée par la misère.

Une partie de cette noble population de Paris, qui, depuis soixante ans, a si souvent ébranlé le monde politique sur ses vieux fondements, qui venait de faire preuve de tant de courage et d'abnégation, avait rêvé la réalisation d'utopies insensées. Elle allait donner un triste démenti à son glorieux passé ; elle allait tenter de détruire l'œuvre qu'elle venait de fonder de ses propres mains.

L'Assemblée nationale, la Commission exécutive prévoyaient une explosion prochaine.

Le soir même du jour où la représentation nationale avait été violée par une foule en démence, la Commission exécutive avait appelé à Paris de nombreux bataillons. Ces troupes pour la plupart, s'étaient trouvées à Paris au 24 février ; elles avaient laissé passer la révolution et lui avaient rendu les armes. Il y avait à craindre que leur moral ne se fût détrempé dans le volcan populaire, qu'elles ne sussent faire distinction entre l'usurpation de 1830 et le droit absolu issu du suffrage universel.

Cavaignac s'attacha à leur faire comprendre que l'Assemblée nationale était le seul véritable souverain, et que quiconque voulait attenter à son autorité était un factieux. Il y parvint sans peine : le vaisseau de la République trouva là une ancre de salut. Ces soins ne l'empêchèrent pas de porter dans l'administration de la guerre les efforts de son esprit organisateur ; des réformes profondes se firent dans les bureaux directeurs de cette grande machine ; des projets de loi, destinés à harmoniser nos institutions militaires avec le régime républicain, furent préparés : des garanties solides furent données à l'état des sous-officiers, cette base indispensable de toute bonne armée.

Il y avait un mois à peine qu'il avait commencé ce travail réparateur, quand le tocsin de la guerre civile retentit dans Paris.

Aux premiers coups qui furent portés par l'insurrection, chacun put voir que les destinées de la France et de la société allaient se jouer dans la sanglante partie qui s'engageait.

Justement effrayée des périls et de la grandeur de cette lutte terrible, l'Assemblée nationale voulut concentrer toutes les forces militaires et civiles dont elle disposait dans la main d'un seul. Pour diriger la résistance contre de furieuses attaques fournies par une population naturellement guerrière, conduite par des gens de tête et d'action, il fallait un homme qui donnât par son passé toute garantie aux défiances les plus ombrageuses, et, par son caractère, par ses talents militaires, des gages assurés de succès. Cet homme, l'Assemblée nationale le possédait dans son sein, la voix publique le désignait; elle n'hésita pas, et, d'un vote unanime, elle investit Cavaignac de la dictature militaire. L'histoire dira si ce généreux citoyen fut à la hauteur de la mission qui lui fut confiée.

Pendant quatre jours et quatre nuits que dura cette bataille unique dans les fastes de Paris, Cavaignac suffit à tout, pourvut à tout, au milieu de difficultés sans cesse renaissantes. Ceux-là seuls qui l'ont approché pendant les longues heures de cette crise, qui tint la France et l'Europe en suspens, peuvent savoir ce qu'il lui a fallu d'énergie, de persévérance, de ressources d'esprit et de cœur pour assurer la victoire. Son plan de combat, promptement établi dans son esprit si vif et si net, n'avait pas été compris. A chaque instant du jour et de la nuit il se voyait assailli par les craintes des uns, les récriminations inintelligentes des autres, par les conseils, par les avis les plus contradictoires, par les plus incroyables nouvelles. A chaque instant le feu des insurgés faisait tomber les généraux, les officiers, les soldats, les citoyens de toutes les classes; troupes de ligne, garde mobile, garde républicaine, garde nationale de Paris et des départements payaient un tribut sanglant à la cause de la patrie et de la société. Rien ne put l'ébranler.

Le général qui livre bataille dans les champs de l'Europe, à la tête d'une armée composée de soldats façonnés à la discipline, éprouvés par la guerre, confiants dans leurs chefs et dans leurs camarades, n'a pas à surmonter les difficultés qui attendent celui qui pousse au combat dans les rues d'une grande capitale de jeunes troupes, des citoyens inhabiles au métier des armes et inaccoutumés aux péripéties des grands drames militaires. Il peut, si cela entre dans ses combinaisons, laisser porter un moment les efforts les plus puissants de l'ennemi sur un point de sa ligne de bataille, soit pour s'y ménager les chances d'un retour qui sera secondé par une réserve, soit pour se préparer ailleurs la fortune que donne si souvent une attaque imprévue. Il le peut, car il sait que ses soldats accepteront sans murmure, sans hésitation le rôle de dévouement qu'il leur impose, qu'ils comprendront que de leur sacrifice dépendra la victoire.

Cavaignac avait divisé ses troupes en trois groupes principaux, qui avaient chacun pour mission d'opérer constamment par masses compactes, de manière à venir à bout de toute résistance, et à finir, en étendant successivement leur action, par se relier les uns aux autres. Cette réunion opérée, la guerre civile trouvait enfin son terme; en un mot, pour nous servir d'une expression appliquée naguère à l'Italie par un grand capitaine : Les mille barricades élevées dans Paris étaient un artichaut qu'il fallait manger feuille à feuille.

Ce plan fut long à se dérouler; car la résistance fut parfois opiniâtre. Il en résulta que des rues, des quartiers entiers de la ville se trouvèrent par moments complétement dégarnis de troupes. Alors l'effroi gagnait les cœurs les plus résolus, et cet effroi venait éclater en lettres, en paroles souvent amères autour de celui qui avait assumé sur sa tête une si grande responsabilité. S'il eût cédé à ces obsessions sans nombre, il eût éparpillé sur toute la surface de la capitale les bataillons des défenseurs de la République, qui se fussent trouvés faibles partout, battus partout.

Le succès couronna enfin les efforts de tant de braves citoyens, habilement mis en œuvre par cette haute intelligence militaire, unie à ce caractère si déterminé.

On aurait pu croire qu'à l'exception des factieux qu'il avait abattus, il ne se trouverait pas en France un seul homme qui ne se crût lié envers Cavaignac par les liens de la reconnaissance. Mais c'eût été trop compter sur l'abnégation et sur la conscience de ces écrivains qui ont résolu, à défaut de tout autre moyen, de chercher à rendre la République impossible en calomniant, en insultant tout citoyen qui se dévoue pour la défendre. Ces écrivains ont reproché à Cavaignac ce plan dont l'exécution a fait le salut de la France. Du reste, que n'ont-ils pas dit pour servir leurs desseins! Ils ont été jusqu'à affirmer que ce soldat si renommé de nos guerres d'Afrique avait poussé en avant dans la mêlée ses plus généreux lieutenants, évitant de se compromettre dans des combats meurtriers. Ils ont dit cela de l'homme qui, le 25 juin au soir, se précipitait, entraînant nos jeunes soldats par son exemple, à l'attaque de ces barricades du faubourg du Temple dont la résistance nous coûta si cher; ils l'ont dit de celui qui, dans un de ces moments suprêmes comme il s'en rencontre surtout dans les guerres civiles, répondait à des officiers, aux citoyens attachés à ses pas pour le conjurer de ne pas risquer une existence précieuse : Eh! qui donc apprendra à ces enfants à mourir? Les hommes les plus déterminés hésitaient sous une fusillade meurtrière. Cavaignac, suivi de son état-major se précipite en tête de l'attaque et ramène au combat nos soldats et nos jeunes mobiles, électrisés par son exemple.

Mais passons sur ces déplorables excès d'une haine impuissante. Quel homme, dans aucun temps, a rendu à son pays un de ces services éclatants que l'histoire inscrit avec admiration sans se trouver en butte à l'envie et à la calomnie ?

Ces horribles journées mirent en relief chez Cavaignac ces qualités du cœur qui ne se rencontrent pas toujours chez les hommes supérieurs, surtout dans les temps de discordes civiles : une générosité, une charité sans limite.

Qu'on se rappelle ces ordres du jour à l'armée, à la garde nationale, à la garde mobile, où son âme de soldat et de citoyen s'épanchait en éloges, en exhortations, en proclamations ; où il demandait aux insurgés, où il les suppliait de ne pas déchirer le sein de la patrie de leurs armes fratricides ? Qu'on se rappelle cette exclamation sublime : « Dans Paris, je vois des vainqueurs, des vaincus, que mon nom soit maudit si je consentais jamais à y voir des victimes ! »

Le 28 juin, au moment peut-être où bien des hommes de la plus forte trempe se seraient laissé enivrer par le succès et par les acclamations populaires, Cavaignac vint à la tribune remettre à l'Assemblée nationale les pouvoirs extraordinaires qu'elle lui avait confiés quatre jours auparavant ; mais l'Assemblée lui répondit d'une voix unanime, en le nommant président du conseil des ministres, chargé du pouvoir exécutif, c'est-à-dire, chef responsable du gouvernement de la République.

Depuis quatre mois, Cavaignac a traversé, dans ces fonctions éminentes, des moments bien difficiles. A l'intérieur, des embarras nés de la crise commerciale, de l'exaltation qui suit toute grande révolution ; à l'extérieur, les complications naissant à l'imprévu sous l'ébranlement révolutionnaire de février, ont fait au gouvernement de la France la situation la plus périlleuse peut-être dont notre histoire fasse mention. A force de droiture, de persévérance, de courage et de talent, il est resté à la hauteur où il s'était placé pendant les funestes journées de juin. Sourd aux menaces des uns, aux récriminations des autres ; résistant avec un calme inébranlable aux provocations qui ne manquent jamais au lendemain du jour des combats civils, il a su ramener ce qui depuis si longtemps manquait à la France : le calme dans la rue, la confiance dans les destinées de la patrie. A l'Assemblée nationale même, il a eu à lutter contre les tendances les plus diverses. Il y a résisté. Aux esprits impatients qui, d'un bond, voulaient faire atteindre à la République les bornes de l'avenir, il a rappelé qu'il n'appartient pas à l'homme de devancer ainsi l'œuvre des temps, et il a déclaré qu'il s'opposerait de toutes ses forces à leurs desseins; aux hommes timides, hésitant à marcher dans la voie déblayée par la révolution de février, il a donné courage; à ceux qui voudraient nous ramener vers un passé impossible, il a dit nettement : Le pays est contre vous; vous subirez sa volonté.

Cavaignac s'est fait remarquer à la tribune par des qualités oratoires bien rares, nous dirions presque inconnues jusqu'ici dans nos assemblées délibérantes. Son discours est sobre de mots, net, clair et toujours contenu, même au milieu des plus vives émotions parlementaires. La langue qu'il parle, c'est la langue des hommes qui ont beaucoup fait, qui sont propres à faire beaucoup encore. Toutes ses paroles respirent la droiture, le bon sens pratique et une remarquable élévation de caractère. Aussi est-il toujours écouté avec une scrupuleuse attention et une bienveillance générale. On dirait qu'il parvient à faire passer chez ses auditeurs la modération, les sentiments conciliateurs dont il est animé.

Il s'enquiert sans cesse de l'opinion du pays; il veut être guidé par elle, sans renoncer pour cela à la part d'iniative que l'Assemblée nationale lui a faite.

Dès que les circonstances lui ont semblé favorables, il a appelé tout le monde sur le terrain de la conciliation, de la fraternité ; et, comme gage de ses intentions, il a pris, pour les faire entrer au Conseil, deux hommes de talent, conquête nouvelle de l'esprit républicain. La France le suivra dans la route où il s'est engagé; car c'est la route des progrès réels, des progrès pratiques, de la vraie démocratie.

On a vu si souvent les caractères les plus élevés s'abaisser dans l'exercice du pouvoir, s'enivrer de la flatterie qui s'attache toujours aux grandes existences, que nous ne pouvons nous empêcher de faire remarquer que Cavaignac est encore aujourd'hui ce qu'il a été naguère, d'une simplicité antique; la chose qui l'étonne le plus, c'est la fortune de sa vie. Il y a quelques jours à peine, un homme, mu par nous ne savons quel sentiment, se permit de contester à la tribune et les talents et les services rendus au pays par le jeune général dont Cavaignac était, il y a quelques années, le simple lieutenant. L'Assemblée nationale avait fait justice par son indignation de l'incroyable critique qu'elle venait d'entendre; mais Cavaignac, s'élançant à la tribune, y répondit par une de ces protestations éloquentes qui doivent prendre place, dans nos annales parlementaires, à côté des plus beaux mouvements oratoires.

« Pour moi, dit-il, si j'avais une surprise à exprimer, moi qui l'ai vu pendant quinze ans (et il montrait du geste le ministre de la guerre, assis à son banc), c'est de le voir au second rang quand je suis au premier. Ce qui m'étonne, monsieur (et il s'adressait à celui qui avait trouvé étrange la grandeur de la carrière de Lamoricière), c'est que vous, qui étiez comme nous sur la terre d'Afrique, n'ayez pas vu d'autre motif à son élévation que la fortune ou le hasard. »

Tel a été, tel est Cavaignac; et par ce qu'il a été, on peut préjuger à coup sûr ce qu'il sera. Ce n'est pas lorsqu'ils ont parcouru une telle carrière que les hommes viennent mentir à leur passé. Imbu dès son jeune âge des doctrines démocratiques, grandi dans l'amour de la République, passionné pour le peuple, souffrant de ses misères, convaincu de la nécessité et de la possibilité d'y trouver un remède, soldat courageux parmi les plus braves, général habile, aimant la gloire des armes, mais ne l'ayant jamais fait passer avant les intérêts de la patrie, homme de science, de gouvernement et d'administration, il présente un rare assemblage des vertus du citoyen et des qualités de l'homme de guerre et de l'homme d'État.

Dans quelques jours le peuple français, réuni dans ces vastes comices où tous sont appelés par le droit, par le devoir, aura à désigner le citoyen le plus digne à ses yeux de présider aux destinées de la République.

Quel homme en France oserait se poser en rival de Cavaignac? Quel homme pourrait apporter sur la balance électorale un passé qui pût entrer en comparaison avec les vertus, les services et les talents de celui dont nous venons d'esquisser trop rapidement l'histoire?

La reconnaissance n'est pas toujours la vertu des républiques, non plus que celle des monarchies. Il appartient au peuple français, régénéré par la Révolution de février, de montrer au monde qu'il sait joindre la mémoire du cœur à l'intelligence des grandes nécessités du présent et de l'avenir.

NANCY, IMPRIMERIE DE VEUVE RAYBOIS ET COMP.